NOTICE HISTORIQUE

SUR

TAVERNES

(Var)

ET SUR LA CHAPELLE ET L'ERMITAGE

DE

NOTRE-DAME DE BELLE-VUE

ET

DE CONSOLATION

Cette brochure se vend 50 cent. au profit du Sanctuaire.

On peut se la procurer à l'Ermitage et chez la personne chargée

des soins de la Chapelle.

TOULON

IMPRIMERIE CATHOLIQUE

1898

NOTICE HISTORIQUE

SUR

TAVERNES

(Var)

ET SUR LA CHAPELLE ET L'ERMITAGE

DE

NOTRE-DAME DE BELLE-VUE

ET

DE CONSOLATION

―――

Cette brochure se vend 50 cent. au profit du Sanctuaire.

On peut se la procurer à l'Ermitage et chez la personne chargée

des soins de la Chapelle.

―――

TOULON

IMPRIMERIE CATHOLIQUE

―

1898

NOTICE HISTORIQUE

SUR

TAVERNES

— VAR —

ET SUR LA CHAPELLE ET L'ERMITAGE

DE

NOTRE-DAME DE BELLE-VUE

ET DE CONSOLATION

———— ✳ ————

Dans le département du Var, et à 26 kilomètres au nord de Brignoles, on rencontre, modestement assise au milieu d'une plaine complantée de vignes et d'oliviers, la petite ville de Tavernes. Sa population essentiellement agricole, d'une frugalité extrême et qui a conservé l'esprit de famille tel à peu près qu'il existait aux époques de foi et de simplicité chrétienne, était relativement considérable, il y a quelques années; elle comptait 1800 habitants au commencement du siècle. Mais elle a beaucoup diminué depuis que les crises dont souffre l'agriculture se succèdent pour ainsi dire sans interruption; elle ne compte plus guère actuellement que 800 habitants.

Au point de vue historique, comme sous le rapport de l'industrie, Tavernes ne présente qu'un modique intérêt, et au point de vue artistique, on ne peut guère signaler que son horloge, qui est encore une

des plus belles du département, malgré le vandalisme
qui lui a fait perdre, pendant la Révolution, une
grande partie de ses riches et précieux ornements.
On raconte, en effet, que le trop fameux Barras passant, avec sa troupe, sur la place de Tavernes, au
moment où l'horloge sonnait dix heures, eut instinc-
tivement la curiosité de lever les yeux ; et apercevant
à la grille qui surmontait la tour, des fleurs de lys
et autres vestiges de la royauté décapitée, fit aussitôt
faire une halte et emporta une pleine charretée de
dépouilles sur lesquelles lui et ses valets avaient pu
faire main basse.

Mais si Tavernes ne peut revendiquer une histoire
qui la rende particulièrement intéressante et illustre,
comme d'autres localités du département où se sont
livrées les célèbres batailles des Barbares contre les
Romains, ou qui ont eu à soutenir des luttes presque
continuelles contre les Maures, elle a, du moins,
conservé en apanage, dont elle est aussi fière, et
qu'elle apprécie plus encore, la foi chrétienne qui l'a
toujours animée. Dans tous les temps, en effet, et
l'on pourrait dire jusque de nos jours, malgré la
funeste contagion qui nous vient des villes voisines,
de nombreuses confréries et associations religieuses
ont pu s'y établir, et montrer, aux yeux de tous,
l'admirable fécondité de la bonne volonté mise au
service de la religion. Parmi ces confréries, il y a
lieu de signaler celle qui a laissé, parmi nous, un
souvenir plus vivant, soit parce qu'elle a existé plus
longtemps, soit parce que ses exercices étaient mieux
suivis, soit parce que ses pratiques étaient plus po-
pulaires, soit enfin aussi peut-être parce qu'elle n'a
été dissoute que longtemps après 1870. C'est la con-

frérie des *Pénitents Blancs*. Les frères pénitents se
réunissaient dans leur chapelle, tous les dimanches,
à 1 heure de l'après-midi, pour chanter l'office de la
sainte Vierge *(Matines* et *Laudes)* sous la présidence
du Prieur ; ils rehaussaient par leur présence, quand
ils étaient appelés, les funérailles solennelles, qu'ils
faisaient précéder de l'office des morts ; ils assistaient
en costume à toutes les processions ; enfin pendant
la semaine sainte ils chantaient, en entier, l'office
des Ténèbres ; et après l'office du Jeudi-Saint, ils
allaient, en procession, visiter le reposoir de l'église
paroissiale. Tous les enfants de Tavernes se rappel-
lent encore l'effet imposant de ces chants graves et
majestueux, en pleine rue, au milieu de la nuit.

Les habitants de Tavernes ont reçu de leurs an-
cêtres, et ont conservé avec un soin jaloux et religieux, des pratiques, qui, à elles seules, font bien
juger d'un pays chrétien. Le Tiers-Ordre y possède
encore de nombreux adhérents, la récitation du rosaire attire, chaque soir, un nombre relativement
considérable de pieux fidèles et il n'est pas rare, dans
les chantiers où s'opère le décorticage des chênes,
d'entendre réciter le chapelet et l'angelus par cha-
cune des petites colonies qui habitent, à cette époque,
dans les forêts.

Ce qui indique encore le bon esprit dont est animée cette paisible population, ce sont les croix in-
nombrables que l'on rencontrait autrefois, et que
l'on rencontre encore aujourd'hui sur tous les che-
mins ; les oratoires qui y ont été établis, et les chapelles qui y furent construites dans l'intention que
les saints mystères fussent célébrés sur tous les
points du territoire.

Une des plus anciennes de ces chapelles, est celle qui fut dédiée à sainte Maxime, au milieu de la plaine de Tavernes, sur les bords du ruisseau de Fontvieille. Elle est située sur un mamelon, au midi et à 800 mètres à peu près du pays ; c'était la chapelle du couvent des Templiers. Le procès-verbal d'une visite de Mgr Duthène, évêque de Sénès, envoyé par l'évêque de Riez, faite le 30 novembre 1624, ordonne que dans cette chapelle, une messe sera célébrée, tous les dimanches, depuis le 3 mai, jusqu'au 14 septembre. Cette chapelle existe encore avec sa vaste citerne, mais elle n'a pas été rendue au culte. A 10 mètres environ de la chapelle s'élève une croix, au pied de laquelle la veille de l'Ascension, en la procession des Rogations, se fait la bénédiction des fruits de la terre.

Dans la rue du cimetière vieux fut aussi construite une chapelle que bénit solennellement, le 15 février 1817, à 11 heures du matin, M. le Curé doyen de la paroisse, et qui fut mise aussitôt à la disposition des Pénitents blancs. Là se firent aussi, à partir de 1863, les réunions du Tiers-Ordre, pour les hommes comme pour les femmes.

En 1896, cette chapelle a été entièrement réparée, et pourvue d'une sacristie ; une salle d'asile avec une grande cour et un beau jardin, a été construite tout à côté où les enfants du pays reçoivent les premiers éléments de l'instruction. Les jeunes générations de Tavernes doivent ce bienfait à la générosité de Me Nicolas, dont le frère M. Carles, est mort, depuis peu, doyen de la Faculté d'Aix.

Sur le vieux chemin de Montmeyan, et presque en face de la chapelle des Pénitents blancs, se trouvait, au siècle dernier, un oratoire dédié à saint Clair.

Un autre, en l'honneur de Notre-Dame du Rosaire, s'élevait à 200 mètres du pays, sur la route de Varages ; on le démolit, en 1860, quand fut construite la nouvelle route. Et sur le chemin de Cotignac, à 200 mètres environ de la Font neuve, avait été bâti un sanctuaire en l'honneur de saint Joseph.

Enfin on remarquait, il n'y a pas bien longtemps encore, au nord du cimetière actuel, de vieilles ruines, que les anciens du pays affirmaient être les restes d'une chapelle dédiée à sainte Anne.

Toutes ces chapelles avaient une cloche pour appeler les fidèles aux saints mystères. La tradition rapporte que, pendant la Révolution, ces diverses cloches furent descendues de la place qu'elles occupaient et qu'on les fit fondre pour fabriquer de la monnaie ou faire des canons. C'est ainsi que sept ou huit cloches auraient été emportées de Tavernes, dont trois auraient été prises au clocher paroissial, où l'on n'en aurait laissé qu'une seulement.

La cloche de Notre-Dame de Belle-Vue et de Consolation fut respectée grâce au courage et à l'habileté d'un habitant. Ce véritable Tavernais, voulant tromper la rapacité révolutionnaire, coupa dans la forêt, une grande quantité de fagots de menus bois, qu'il disposa au-dessous du rocher qui servait de clocher ; puis ayant enlevé le battant de la cloche, il fit rouler celle-ci sur ce lit de verdure et la cacha ensuite dans un tas de pierres. Quand fut passée la tourmente révolutionnaire, on retira de sa cachette cette heureuse proscrite, on la replaça sur son rocher ; mais, ô fatalité ! en 1871, cette cloche, si ingénieusement préservée trois quarts de siècle auparavant, fut brisée par la foudre qui, éclatant sur le sanctuaire vénéré, y causa des dégâts considérables. En 1875, une nouvelle cloche fut suspendue à un vieux chêne, à 40 mètres de la chapelle; elle avait été bénite solennellement par M. Tripe, d'heureuse mémoire, curé doyen de la paroisse, assisté d'un nombreux clergé, et entouré d'une foule considérable de pieux fidèles.

En 1804, le clocher de l'église paroissiale, qui avait été témoin, pendant sa longue existence, de tant d'événements, et qui semblait défier encore de longues années, s'étant écroulé, pendant cinquante ans Tavernes eut à regretter de se trouver inférieure, sous ce rapport, à toutes les petites villes qui l'environnent. Mais en 1856, on pensa sérieusement à la doter d'un nouveau clocher. On s'adressa à M. Revoil, architecte, qui, le 1er décembre de la même année, présenta un magnifique plan du monument projeté, et dont le devis s'éleva à 7600 francs. Aussitôt une souscription s'organise qui produit 3027 francs, un leg de M. Sage, ancien curé de la paroisse, est affecté à cette construction; la commune vote 500 francs, la fabrique fournit le reste, et en 1864 les Tavernais virent avec orgueil, la belle flèche du clocher actuel qui, s'élevant dans les airs, est un monument de la générosité de cette population toujours dévouée.

Le tremblement de terre qui eut lieu le 23 février 1887, ayant endommagé l'église au point que, pour cause de sécurité publique, elle dut être fermée momentanément, M. l'abbé Fournier, qui venait d'être nommé curé de Tavernes, par décret du Président de la République, en date du 15 février, ne trouva, en arrivant dans sa paroisse, que la petite chapelle du Saint-Esprit pour réunir ses fidèles. Avec un zèle au-dessus de tout éloge, le nouveau pasteur se met à l'œuvre, il recueille une somme suffisante pour consolider les murs qui avaient le plus souffert, élever les deux élégants contreforts qui embellissent, comme de deux clochetons la façade principale, changer entièrement la toiture et la charpente qui la soutient, et rend ainsi au culte le monument qui avait semblé, un instant, à jamais condamné. On doit aussi à la générosité de M. l'abbé Fournier le presbytère actuel dont il fit personnellement l'acquisition en 1889, et qu'il céda peu de temps après, à titre gracieux, à la commune de Tavernes pour être affecté, à perpétuité, au logement du curé de la paroisse.

La Chapelle de Notre-Dame de Belle-Vue et de Consolation

Si Tavernes a conservé par la tradition de ses enfants, le souvenir de ses pieux sanctuaires, élevés par la piété de ses aïeux, elle n'a garde d'oublier le plus célèbre, et le plus vénéré de ses lieux de pèlerinage : le sanctuaire de Notre-Dame de Belle-Vue et de Consolation.

Après avoir dépassé le cimetière à 4 ou 5 cents mètres sur la route dite de Bury, on rencontre une croix monumentale fixée dans une pierre qui servait autrefois de fonts-baptismaux à l'église paroissiale. Heureuse inspiration qui rappelle au passant le mystère de notre rédemption et celui de notre régénération par l'eau sainte du Baptême. En même temps cette croix indique au pèlerin que le chemin qu'il a devant lui conduit au sanctuaire vénéré de N.-D. de Belle-Vue.

Dès ce moment la route, quoique assez large et bien tenue, devient accidentée; parfois même elle demande un peu d'effort; mais le ciel souffre violence. Du reste le chemin de la croix, dont les stations sont disséminées sur le parcours de la route, n'est-il pas là pour nous rappeler que c'est par la voie du calvaire qu'on arrive à la patrie bienheureuse ? En partant de saint Jean pour monter à la chapelle il y a, non seulement 14 croix de fer, représentant les 14 stations de la vie douloureuse, mais on rencontre aussi, élevés depuis plus d'un siècle, 4 oratoires en pierre de taille qui forment autant de niches destinées à abriter les images de saint Antoine, de saint Pierre, saint André et sainte Catherine.

Lorsque la zone des oliviers est dépassée, une bordure de chênes verts encadre le chemin; de leurs taillis épais s'échappe un suave parfum de thym, de lavande et de romarin. Puis c'est le serpolet et la rue à l'odeur pénétrante, c'est l'immortelle aux paillettes d'or, c'est le ciste cotonneux qui étale ses fleurs aux pétales violacées et cherche à se faire jour au milieu d'un fouillis où la main puissante du Créateur se montre jusque dans les infiniments petits.

C'est en traversant cette succession non interrompue de merveilles que l'on arrive au sommet de la colline; on est alors à 605 mètres d'altitude. Sur son plateau assez uni s'élèvent des touffes de chênes que la cognée a respectés. Au milieu de ses voûtes naturelles apparaît la chapelle de N.-D. de Belle-Vue. Jusqu'ici les sens seuls ont reçu une agréable impression, maintenant c'est l'âme qui est saisie d'une indescriptible émotion. L'air pur que l'on respire semble encore imprégné du parfum de la prière. On croit entendre encore les chants de reconnaissance sortir de la bouche de dix générations. Car c'est là que les foules émues sont venues implorer le secours de la Bonne Mère; c'est là que Marie a fait éclater sa puissance devant un peuple agenouillé et baignant de ses larmes la colline bénie.

La chapelle est de modeste apparence, et son architecture n'a rien de bien remarquable. Elle est adossée à un rocher nu que la montagne semble avoir fait sortir de son sein pour sa destination actuelle. Ce rocher domine un peu le sanctuaire et sur son point culminant est suspendue la cloche dont le son est assez puissant pour être entendu de tous les points du terroir de Tavernes.

L'intérieur, pas plus que l'extérieur, n'offre rien d'extraordinaire. Au fond, on aperçoit, tel que la nature le forma, le rocher au pied duquel a été érigé un autel en marbre. De chaque côté de l'appui de communion, la statue de N.-D. de Belle-Vue et de Consolation et celle de saint Joseph sont exposées à la piété des pèlerins. Enfin une quantité considérable d'ex-voto, de toute forme, de toute grandeur, plus ou moins riches et artistiques, tapissent les murs, présentant comme autant de trophées de reconnaissance envers la Bonne Mère pour les bienfaits reçus de sa maternelle bonté. Ils sont placés là, sans ordre chronologique et on pourrait dire, sans art, pour parler au cœur de ceux qui les contemplent et comme gage précieux de la piété de nos aïeux.

À dix mètres du sanctuaire se trouve l'ermitage.

C'est une maison assez vaste, propre et fort bien habitable. Il fut construit un an après la chapelle, grâce à la générosité du pieux Jehan de Pontevès, comte de Carcès, qui autorisa les religieux du couvent royal de Saint Maximin, à y résider. Plus tard les Dominicains furent remplacés par un ermite, qui fut chargé de l'entretien de l'édifice, de la conservation des objets nécessaires au culte, et qui donnait en même temps l'hospitalité aux pèlerins qui gravissaient la sainte montage. Ces ermites ont résidé ainsi à Notre-Dame de Belle-Vue jusqu'en 1856. La méditation, la prière, et la culture de deux grands jardins, situés devant l'ermitage, occupaient leurs moments de loisir; et lorsqu'un nuage sombre paraissait à l'horizon portant dans ses flancs l'épouvante et la ruine, l'ermite de Notre-Dame faisait tinter sa cloche dont le son mélancolique et pieux avait pour effet, selon les paroles liturgiques de la bénédiction d'une cloche, d'éloigner l'orage, en ramenant le calme dans l'esprit des habitants découragés.

De plus, tous les dimanches, l'ermite de Notre-Dame venait à Tavernes, en robe de bure. Il était muni d'un goupillon et d'un seau d'eau bénite avec laquelle il aspergeait à peu près un quart des maisons du pays; de telle sorte que, dans le mois chaque famille recevait cette bénédiction. En reconnaissance de cette pieuse pratique, chacun faisait au bon frère, une petite aumône, qui formait son seul revenu avec sa collecte de blé qu'il faisait au mois de juillet.

Voici comment le gardien de Notre-Dame opérait sa récolte. Tous les soirs, à l'époque des foulaisons, il faisait le tour des aires, il bénissait le blé avant qu'on l'eût recueilli dans les sacs, et cette bénédiction paraissait tellement porter bonheur dans l'esprit des habitants, qu'on attendait avec impatience l'envoyé de Notre-Dame pour lui donner sa part.

Mgr Jordany, évêque de Fréjus et Toulon, ayant appris dans sa visite pastorale, qu'il fit à Tavernes, le 15 avril 1861, qu'on attribuait une origine miraculeuse à la chapelle de Notre-Dame de Belle-Vue et de Consolation, eut la pensée de charger M. Tripe, curé-doyen de Tavernes, de faire des recherches et de lui présenter ensuite un rapport à ce sujet. Ce rapport fut adressé, le 8 décembre, à Sa Grandeur, qui par une lettre du 27 mars 1863, permettait de livrer à l'impression une notice, et recommandait d'en adresser un exemplaire à la commission, qui publiait, à cette époque, l'histoire de Notre-Dame de France, estimant que ces documents méritaient d'avoir leur place dans ce travail monumental.

———

Rapport adressé à Monseigneur JORDANY, Evêque de Fréjus et Toulon, par le Curé-Doyen de Tavernes.

Monseigneur, lors de votre dernière visite pastorale dans ma paroisse, le 15 août 1861, ayant eu connaissance d'une tradition locale, qui attribuait une origine miraculeuse à notre chapelle de Notre-Dame de Belle-Vue et de Consolation, située sur une colline au nord de Tavernes, vous me prescrivîtes de vous faire un rapport sur ce sujet. Ce travail est aujourd'hui terminé, et je me félicite d'autant plus de pouvoir le présenter à Votre Grandeur, qu'il justifie pleinement cette tradition.

Chargé de l'administration de ma paroisse, j'y trouvai l'usage, de très longtemps suivi, d'aller célébrer le saint sacrifice à ladite chapelle, les jours de l'Annonciation, de l'Assomption et de la Nativité de la très-sainte Vierge. Aux deux premières fêtes, on porte en procession la statue de cette bonne Mère jusqu'au pied de la colline, que l'on gravit ensuite en liberté, mais en priant ; le jour de la Nativité, on s'y rend sans cérémonie, et peu d'étrangers participent à cette fête. Mais le jour de l'Assomption, l'affluence des pèlerins est si grande que, quoiqu'il se célèbre deux messes à la chapelle, l'enceinte en est insuffisante pour les contenir tous. On voit, la veille de la fête, accourir de toute la contrée, même d'au-delà de Brignoles, des étrangers qui passent la nuit dans la chapelle ou campent sous les arbres. Edifié de cet empressement à se rendre à notre modeste sanctuaire, qui n'offre aux visiteurs, sous le rapport de l'art, que de simples murs, j'en cherchai la cause, et il me fut dit qu'il devait cette célébrité à son origine miraculeuse, et que bien des pèlerins y avaient autrefois obtenu des faveurs extraordinaires, en y venant implorer les secours de la Sainte Vierge. Ces assertions vagues et émanant du peuple, avide du merveilleux et facile à l'admettre, n'étaient pas de nature à entraîner ma conviction, lorsque des documents, récemment découverts, sont venus dissiper mes incertitudes. Un Père Dominicain, du couvent de Saint-Maximin, appelé pour donner une retraite spirituelle aux congrégations de ma paroisse, rapporta que dans les archives de son couvent se trouvaient des manuscrits relatifs à notre chapelle, et qu'un religieux de son ordre en avait été le fondateur. Sur ces indications, des recherches furent faites dans les archives de notre commune, par M. le Maire d'alors, et on trouva une délibération du Conseil, en l'année 1642, et autres écrits, concordant parfaitement avec les manuscrits susdits sur l'origine de notre chapelle. Voici sommairement ce qui résulte de l'ensemble de ses documents.

En l'année 1642, un Religieux Dominicain, le Père Thomas Baille, prêchant le carême à Tavernes se dirigea vers un lieu éminent d'une colline où un grand rocher présentait l'aspect d'une chapelle ; y étant arrivé, et après avoir récité ses heures, il eut une inspiration divine, et une voix intérieure lui dit, par deux fois, que ce lieu était saint, et que le plaisir de Notre-Seigneur et de sa glorieuse Mère était d'être servis en ce désert. Il lui fut en outre commandé d'en porter la nouvelle à l'évêque de Riez, alors diocésain de Tavernes, de prêcher au peuple de vénérer ce saint lieu, et d'employer son influence pour y faire construire une chapelle.

Le Père à son retour publia le fait, et, fidèle à la mission qu'il avait reçue, exhorta de la part de Dieu, les magistrats et les notables du lieu à faire cette construction, et en obtint l'autorisation nécessaire de l'Ordinaire. A son invitation, toute la population s'étant rendue en procession, au lieu même de la vision, le jour de l'Annonciation, il y fit, dans un discours très touchant, une révélation complète de ce qui s'était passé dans sa communication avec Dieu. En suite de quoi le Conseil de la commune prit une délibération favorable, et bientôt fut élevé le modeste édifice.

Jusque là on aurait pu taxer d'hallucination l'inspiration du Père Baille : Dieu se chargea d'en justifier la vérité par une nouvelle intervention. La renommée ayant répandu le bruit de cet événement surnaturel, on accourut de différents pays, et de nombreuses guérisons miraculeuses, des conversions éclatantes vinrent attester que la sainte-Vierge avait réellement choisi ce séjour pour y exercer sa puissance et sa miséricorde. Quelquefois même, le vœu seulement émis d'y venir en pèlerinage et non encore accompli, fut récompensé des mêmes faveurs. Les nombreuses pièces qui font suite à ce rapport, donneront les détails de ces prodiges.

Mais ces pièces présentent-elles des caractères d'authenticité pour déterminer la croyance d'un esprit droit et éclairé ? Nul doute, à mon avis ; ne fussent-elles que des copies d'écrits égarés avec le temps, leur conformité avec la tradition locale leur conférerait déjà une autorité très respectable ; mais ce sont les originaux mêmes, émanant d'un conseil de commune, des notaires d'alors, de lieutenants de juges, de prêtres consciencieux ; ils portent avec eux le sceau de l'antiquité, par le genre d'écriture de l'époque, presque illisible de nos jours ; les procès-verbaux dressés par les notaires et lieutenants de juges, en présence des témoins et sous le serment de dire la vérité de la part des déposants, ne laissent rien à désirer sous le rapport de la publicité. Telles sont les pièces qui constatent les miracles auxquels est due la célébrité de notre sanctuaire.

Toutes ces pièces que je tiens momentanément de l'obligeance du Révérend Père Prieur de Saint-Maximin, à l'exception de la délibération du conseil de la commune, je me fais un devoir de les communiquer à Votre Grandeur avec leurs transcriptions, pour qu'Elle puisse en apprécier la valeur. Les transcriptions, résultat d'un travail opiniâtre, ont été collationnnées et reconnues exactes par plusieurs paléographes distingués consciencieux.

Si je n'avais eu pour but, dans ce rapport, que d'éclairer Votre Grandeur sur l'origine de notre sanctuaire j'aurais emprunté tout simplement, dans le numéro d'août 1861 des annales dominicaines, un excellent article ayant pour titre : *Notre-Dame de Belle-Vue et de Consolation à Tavernes.* Cet article décrit avec la plus vigoureuse exactitude, l'origine de notre sanctuaire et les merveilles qui s'y sont opérées, et de plus, il est enrichi de nombreuses citations puisées dans les mêmes sources ; mais il m'a paru convenable pour la grande gloire de la très-sainte Vierge, notre protectrice spéciale, de livrer à la connaissance du public les documents qui attestent si incontestablement les prodiges dont ce sanctuaire a été témoin, en les faisant éditer et répandre, si votre Grandeur daigne m'en accorder l'autorisation. Cette publicité en éclairant la dévotion du peuple, ranimera le culte de notre bonne Mère, rétablira l'antique célébrité de notre sanctuaire et préviendra le retour d'un oubli que ses vrais enfants ne sauraient s'empêcher de déplorer.

Je suis, avec le plus profond respect,

Monseigneur,

De Votre Grandeur,

le très humble et très soumis serviteur,

TRIPE, Curé-Doyen.

Tavernes, le 8 décembre 1862.

Première Pièce extraite des Archives de la Mairie de Tavernes, registre n° 5, folio 374. (1)

Conseil.

Au nom de Dieu, l'an mil six cent quarante-deux et le premier jour du mois de mai, l'honorable Conseil général de ce lieu de Tavernes, fut convoqué dans la maison commune, à la requête et publication de Mre Pierre Aubert Savornin et Jehan Martin, consuls modernes, pardevant nous André Aubert Guerre, lieutenant de Juge, où ont assisté Gabriel Dandreas trésorier, M^res Jacques, Gaspart, Estienne Aubert Savornin, Mre Jehan Aubert à feu Bauthesar, Mre Antoine Gayon, notaire et greffier etc... (suivent vingt autres noms.)

Auquel Conseil les dits Srs Consuls ont remontré que le Révérend Père Thomas Baille, natif du lieu de la Jany, docteur en sainte théologie, Religieux de l'Ordre de Saint-Dominique, en la famille du Couvent royal de la ville de Saint-Maximin, ayant prêché la parole de Dieu, le Saint-Carême dernier, dans l'église paroissiale de ce lieu, sous le titre de saint Cassien, très dévot à la sainte Vierge Marie, Mère de Dieu, étant un jour du courant en promenade, récitant son office au chemin royal tirant à Quinson, envisagea le coppet de la montagne terroir du dit Tavernes, dite la Colle des Buisses, où il y a un gros rocher long d'environ douze cannes et honnêtement

(1) Nous n'avons pas conservé, dans cette nouvelle édition, l'orthographe ancienne pour ne pas fatiguer inutilement le lecteur.

relevé, ce représentant spirituellement qu'il voyait
une chapelle ; ce que le convia heureusement par
humble dévotion à y monter, où étant, ayant curieuse-
ment vu le dit rocher et le lieu digne d'admiration,
après avoir dit ses heures, fut divinement inspiré
que le plaisir de Notre-Seigneur Jésus-Christ et sa
glorieuse Mère était très manifeste d'être servis à ce
désert, d'autant que la situation est fort singulière,
et autres bonnes pensées accompagnées de signes ré-
servés à lui, qu'il n'a voulu encore mettre au jour. Or
donc, étant de retour en ce lieu, publia le fait, dit
ses intentions aux magistrats et apparants, les exhor-
tant de la part de Dieu et de sa glorieuse Mère, de construire en ce lieu éminent une chapelle sous le titre de
Notre-Dame de Belle-Vue et de Consolation. Ensuite
de ce, le long du Carême jusqu'à sa dernière prédi-
cation, a continué ses précieuses recommandations
à profondité de cœur, étant vrai que tous les jours et
diversement deux fois le jour, le dit Révérend Père
a dévotement visité cette montagne et le lieu, et à sa
réquisition, la procession générale de notre église,
(où y avait en grand nombre de peuple), y monta le
jour et fête de l'Annonciation, Notre-Dame, vingt-
cinq mars dernier, où étaient les sieurs vicaires et
autres prêtres de la dîte église, faisant porter la
Sainte-Croix et les trois bannières sous la conduite du
Révérend Père, lequel fit une belle exhortation publique, dit sa divine inspiration, édifiant le peuple, à
faire promptement cette chapelle, avec assurance
que Dieu les récompenseraient au centuple. A ces fins
la compagnie fut très satisfaite et reçut des grâces
célestes. Ce que voyant, le dit Révérend Père, a obtenu permission de Monseigneur le Révérendissime.

et illustrissime Évêque de Riez, notre diocésain, consacrer ce nouvel édifice en l'honneur de Dieu et de sa glorieuse Mère, pour la consolation des pauvres pécheurs. Sur quoi le dit Conseil a très humblement remercié mondit seigneur l'Évêque de Riez de la permission octroyée à la fondation de la dite chapelle et délibère que les consuls présents et à venir en seront recteurs perpétuels durant l'année de leur consulat, pour donner les ordres, faire la quête et tout ce que besoin sera, selon les rigueurs des cas. A ces fins, charge aux dits consuls de faire venir un maître maçon capable, pour donner le dessin sur la construction de la dite chapelle, avec ample pouvoir y faire travailler sans demeure jusqu'à perfection dernière, soit à journées, ou à prix fait, et y pourvoiront de suffisante matière, d'un four à chaux... faisant les payements avec l'argent qu'ils ont en main des aumônes rapportées, et en cas d'insuffisance, prendront du fond des luminaires de l'église de ce lieu par forme d'emprunt... Priant ce grand Dieu, par l'intercession de sa bienheureuse Mère, faire descendre sur nous la grâce de sa rosée céleste et nous combler de toute bénédiction... Dieu soit loué et la Mère de Consolation. Signés, Aubert, bailli, et Aubert, greffier.

NOTA. — Les trois lacunes sont faites à dessein et pour abréger; ce qui les comblerait ne contient rien d'essentiel pour le but proposé.

Seconde pièce extraite des archives de Tavernes,
même registre, page 398.

Concession d'une étendue de terrain autour de la chapelle, par le comte de Carcès aux Religieux du couvent de Saint-Maximin, pour y construire un logement et pouvoir la desservir.

Jehan de Pontevès, comte de Carcès, conseiller du
roi en ses conseils, capitaine de cent hommes d'armes de ses ordonnances, maréchal de ses camps et
armées, grand sénéchal et lieutenant général en
Provence ; étant venu à notre connaissance que dans
notre terroir de Tavernes, dépendant de notre Comté,
au diocèse de Riez, il y a un endroit sur une montagne, lequel fréquenté par un des Religieux des
Frères prédicateurs du couvent royal de sainte Madeleine, dans la ville de Saint-Maximin, pendant
qu'il prêchait le carême de l'année dernière, dans
notre dit lieu de Tavernes, fut ému de piété et
touché d'une intérieure dévotion par la solitude du
dit lieu et par quelque secret mouvement, eut connaissance que la Sainte Vierge désirait être honorée
et priée en ce lieu, sous le titre de Notre-Dame de
Consolation et Belle-Vue ; ce qu'ayant communiqué
aux habitants du dit lieu de Tavernes, poussés d'une
catholique dévotion auraient pris soin de construire
une chapelle au dit lieu, par la permission de Monseignenr l'Évêque de Riez, laquelle est à présent en
état pour y faire le service divin ; et en souvenir de
ce qu'un Religieux du dit couvent de Saint-Maximin
a eu le bonheur et avantage d'avoir donné le com-

mencement à cette sainte œuvre, par une sainte inspiration, afin qu'elle soit continuée et augmentée
par les soins particuliers, piété et bonne édification
de ceux qui auront la conduite et la direction de cette
dévotion et chapelle, Nous avons été supplié de leur
vouloir donner permission d'y résider et leur octroyer
l'entière jouissance d'un circuit de cinquante cannes
à tout à l'entour de la dite chapelle déjà construite,
dans lequel circuit, qui sera borné par termes, nous
n'entendons qu'il soit donné aucun trouble aux dits
Religieux qui résideront sur le lieu, ni par nos suc-
cesseurs, nos fermiers ou autres quelconques, afin
que la dite dévotion soit d'autant plus augmentée et
la sainte Vierge honorée. Ce que par nous sainement
considéré, dans le désir d'acheminer et achever une
si sainte œuvre, autant qu'il est en notre pouvoir
pour la plus grande gloire de Dieu et de la Sainte
Vierge, avons concédé et concédons aux susdits Religieux et couvent de Saint-Maximin le dit lieu ou
terroir pour la direction et conduite de la dite chapelle et dévotion, avec pouvoir à eux d'y faire construire tels bâtiments qu'ils trouveront à propos, tant
pour leurs bâtiments que pour l'agrandissement de
la dite chapelle, leur donnant à cet effet l'étendue de
cinquante cannes à l'entour de la dite chapelle, de
plein et gratuit don, sans qu'il soit permis aux dits
Religieux ni autres qui viendront après de faire
construire aucune hôtellerie pour héberger pèlerins
ni passants, afin de leur donner mieux moyen d'y
pouvoir habiter et attirer le peuple à la dite dévotion,
n'entendent préjudice de ce qui sont de nos droits
de justice et autres nos droits et devoirs seigneu-
riaux, à quoi n'entendons déroger par ces présentes;

et pour faire que la chose soit fermé et estable à tout jamais, avons fait expédier les présentes signées de notre main et scellées de nos armes et contresignées de notre secrétaire, à Aix le neuvième jour du mois de mars de l'année de grâce mil six cent quarante-trois. Signé : Carcès, et plus bas : par monseigneur, Villers. Signés sur le registre de la Commune : Aubert et Gayon.

Pièce extraite des Archives de la Mairie
de Tavernes

Sur ce qui nous a été remontré par Messire Aycard, prêtre, vicaire de l'église paroissiale et par André Aubert Savournin, soi-disant consul du lieu de Tavernes, et prieur de la confrérie de la chapelle fondée en l'honneur et sous le titre de Notre-Dame de Belle-Vue et de Consolation, que la dite chapelle ayant été batie ci-devant au terroir du dit lieu par notre permission, qu'on y aurait obtenu des miracles et des grâces qu'il a plu à Dieu d'y faire par l'intercession de sa sainte Mère, et que les pèlerins y affluent de toutes parts il serait nécessaire de donner des ordres fixes pour le régime et l'administration de la dite chapelle à perpétuité,

Ordonnons ce qui suit :

(Suit une ordonnance de l'Évêque de
Riez en date du 10 avril 1645.)

PIÈCES

PROVENANT DES ARCHIVES DU COUVENT DES PP. DOMINICAINS

DE SAINT-MAXIMIN

Guérison de l'enfant Gondran, de Bras

Nous André Aubert, bailli et lieutenant de juge faisons savoir qu'au présent lieu de Tavernes, est comparu pardevant nous et Jacques Aubert Savornin, Honoré Auvet, consuls modernes et Me Antoine Gayon, notaire et greffier, Honoré Gondran et Catherine Brune, du lieu de Bras, lesquels ont affirmé moyennant le serment prêté entre nos mains, le fait suivant :

Depuis environ un an un de leur fils atteint de rupture, lui sortant un boyau gros comme le poing de la main, et parfois les douleurs le faisant évanouir, qu'on eut dit qu'il était mort.

Ayant ouï parler des beaux miracles qui se faisaient à Notre-Dame, qu'on bâtissait seulement, de Notre-Dame Consolation et Belle-Vue, de ce lieu de Tavernes, ils firent à l'instant vœu tous deux ensemblement de venir visiter ce saint lieu dès qu'on y dirait la sainte messe, priant la Sainte Vierge d'avoir compassion de leur fils appelé Etienne Gondran qui était atteint de ce mal depuis un an. A l'instant le vœu fait, son fils se trouva tout à fait guéri, ne lui ayant jamais depuis connu aucun mal, et ainsi l'ont affirmé.

De quoi nous avons dressé le présent procès-verbal. Furent présents messire Antoine Taxil, prêtre de Moustier, demeurant au dit Tavernes, et Me Pierre Revertegat, de Montfort, requis, appelés et signés, et les dits Gondran et Brune ont marqué.

Marque ⨸ de Gondran, marque ╪ de la dame Brune Signés : Taxil, prêtre, Revertegat, Aubert, bailli, Auvet, consul, J. Aubert, consul et Gayon, notaire royal, greffier.

Guérison d'Anne Guérine et de Claire Vincens sa fille, de Varages.

Nous André Aubert bailli et lieutenant de juge au présent lieu de Tavernes, faisons savoir que ce jour vingt-deux juin mil six cent quarante-deux, est comparue pardevant nous Anne Guérine, femme de Pierre Vincens, du lieu de Varages, laquelle moyennant le serment prêté entre nos mains, a dit qu'étant atteinte de grandes douleurs aux jambes, ne se pouvant soutenir ni marcher qu'avec grand peine depuis environ une année, et de plus, ayant sa fille appelée Claire Vincensse âgée d'un an et demi, atteinte d'un vomissement avec fleus de ventre et fièvre continuée durant quinze jours, ayant perdu espérance de guérison, tant elle que sa fille; ayant ouï les merveilles de Notre-Dame de Consolation, elle fit le vœu de venir visiter ce saint lieu et amener sa fille, ce qu'elle fit avec le dit Vincens son mari, qui l'ayant faite porter sur une petite bête, attendu qu'elle ne pouvait marcher ; et étant arrivés au dit lieu grâces soient rendues à ce bon Dieu et à sa sainte Mère de Consolation, elle s'agenouilla, chose qu'elle ne pouvait faire auparavant, et après sa prière faite, elle se trouva entièrement soulagée, et regardant sa fille, elle la trouva tout à fait hors de fièvre et sans aucune incommodité. Après cela elle descendit à pied de la montagne, ce qu'auparavant elle n'aurait pu faire, et toujours depuis s'est mieux trouvée, étant à présent venue à pied de la dite chapelle, de laquelle descend à présent pour remercier ce bon Dieu et sa Sainte Mère de la santé qu'il lui a plu lui donner et à sa fille. Et pour être véritable a fait la présente déclaration en présence de Messires Pierre Aubert et Jehan Martin, consuls, Etienne Etré, maréchal de Quinson et Pierre Revertegat, de Montfort. Marque † de la dite Guérine. Signés à l'original : Aubert, bailli, Aubert, consul, E. Estré et Revertegat.

Guérison d'une main perclue, obtenue à Melchior Thollon, de Rians.

L'an mil six cent quarante-trois et le quatorzième jour du mois de juin, faisons savoir, nous André Aubert bailli et lieutenant de juge, qu'est comparu pardevant nous Jehan Tollon ménager de Rians et Anne Cailhat, lesquels nous ont déclaré moyennant le serment qu'ils ont prêté entre nos mains, qu'ils avaient un fils nommé Melchior, qui de sa naissance est venu estropié d'une main, la tenant toujours fermée sans l'ouvrir, et ne se pouvant tenir debout, particulièrement du pied du côté droit qui était la main fermée. Et ayant ouï raconter les miracles qui arrivent journellement à la chapelle de Notre-Dame de Consolation et de Belle-Vue, cela les engagea à faire vœu ; étant ce jourd'hui venus sur le lieu, ayant par la grâce du bon Dieu fait sa dévotion et fait dire les saints évangiles à son fils et offert un bras de cire, après son oraison faite, sont sortis de la chapelle et ayant offert quelque chose à manger, à la porte de la dite chapelle, au dit son fils, celui-ci a pris ce qu'on lui a donné de la main gauche, et à l'instant l'a remis à la main droite qu'il a porté à la bouche et a mangé, ce qu'il n'avait jamais fait de sa vie, ayant la main fermée. Comme dit, et pour être le tout véritable, le dit Thollon a signé et la dite Cailhat a marqué, en présence de messire Jehan Aubert, prêtre bénéficier de l'église collégiale de Barjols, André Aubert soussigné, Honoré Auvet, Barthélemi Marin qui ont vu ce que dessus et ont signé et marqué. Signés à l'original : Thollon, marque ✝ de dite Cailhat, Aubert et Aubert bailli.

Jeanne Isnard, de Rians : Recouvrement de la vue.

L'an mil six cent quarante-trois et le vingtième jour du mois de juin, sur les deux heures après midi, est comparue pardevant moi notaire royal de Tavernes soussigné, Jehanne Isnarde veuve feu Jehan Garcin habitant au lieu de Rians, laquelle nous a affirmé moyennant le serment qu'elle a prêté entre nos mains, au vu des témoins ci-après nommés, que

ayant ouï parler, au retour de la procession que
Rians fit au mois de mai dernier à Saint-Honoré-
de-Lérins, de la dévotion nouvellement trouvée au
terroir de ce lieu de Tavernes, sous le titre Notre-
Dame de Consolation, et des beaux miracles, cela
l'engagea à faire vœu de venir visiter ce lieu et prier
la Sainte Vierge d'être sa bonne avocate envers ce
bon Jésus, afin qu'il lui plut de lui redonner sa vue
qu'elle avait perdue depuis environ huit mois, avec
des douleurs fort grandes, ne pouvant supporter aucunement la clarté du jour ; à l'instant son vœu fait, elle
se trouva soulagée de ses douleurs et sa vue parfaitement bien remise, n'ayant depuis ressenti aucune
incommodité. A présent elle est venue rendre son
vœu et remercîment à la Sainte Vierge de ce bénéfice
reçu par son intercession ; et pour être véritable a
marqué. Présents : Honoré Auvet d'Honoré Antoine
et André Auber Savornin et Jehan Martin mareschal
ferrant. Marque † de la dite Isnarde ; signatures à
l'original : Aubert, Auvet, Aubert, Martin et moi
dit notaire royal soussigné, Gayon greffier.

Jeanne Ailhaud, de Montagnac : recouvrement de la vue

Nous Charles Second, lieutenant de juge, Anselme
Segond, notaire royal, et Barthélemi Segond, consuls
et autres apparants de ce lieu de Montagnac, attes-
tons à tous qu'il appartiendra que Jeanne Ailhaud,
femme d'Estienne Monge du dit lieu, depuis environ
deux mois qu'elle était grandement mal disposée
des yeux et que n'y voyait rien ; et attendu son incommodité des yeux, elle fit vœu d'aller à Nostre-

Dame de Consolation au terroir de Tavernes, et alla à la chapelle de la dite Notre-Dame de Consolation aux fêtes dernières de la Pentecôte ; laquelle depuis étant retournée, elle a recouvré la vue par l'intercession de la très sainte et sacrée Vierge Marie ; et pour être vérité ce que dessus, avons fait le présent au dit Montagnac, ce vingt-trois juin mil six cent quarante-trois. Signé à l'original : Segond, lieutenant de juge, Segond, consul, Monge, Ailhaud, Allavier, prêtre, Blanc, Labbe, Asvernet et A. Segond.

Divers prodiges attestés par le prêtre desservant la chapelle de Notre-Dame.

Au nom de Dieu, du vingt-six janvier mil six cent cinquante, est comparu devant nous notaire et témoins messire Laurent Lieutaud, prêtre du lieu de Clavier, servant la sainte chapelle de Notre-Dame de Belle-Vue et Consolation, fondée au sommet de la montagne des Buisses, au terroir de ce lieu de Tavernes, lequel, moyennant serment *ad pectus*, a déclaré être véritable que le vingt unième du courant, sur l'avis qui lui fut donné par Jacques Aubert Savornin, un de nos enfants, il prit garde que les images de la Sainte Vierge Marie mère de Dieu, de Saint Dominique, et d'angélique saint Thomas portraits (pour peints) au tableau de la dite chapelle, étaient couvertes de plusieurs goutelettes d'eau, semblables à des perles ayant vu particulièrement ne provenaient pas de la pluie, et palpant les tables qui soutiennent ledit tableau, lesquelles sont derrière et étaient bien sèches, ensemble le reste de la chapelle.

Dit encore que toutes les fêtes solennelles de

Notre-Dame, depuis environ quatre années qu'il fait le service, s'étant porté à la dite chapelle pour y célébrer le saint sacrifice de la messe, aurait vu chaque fois, environ sur l'aube du jour, plusieurs lumières à chaque côté au bas du dit autel, sur l'escabeau, qu'il en disparaissait à la distance du dire d'un *Pater*.

En outre dit qu'à l'issue de la première messe, qu'il célébra à la dite chapelle, rendant grâces à Dieu, entendit une voix d'en haut qui chanta mélodieusement un petit espace de temps, et lui qui dépose eut la larme à l'œil, ce qui fut aussi entendu par Antoine Auvet son clerc qui le servait à la dite messe, lequel par son commandement le fit sortir de la dite chapelle pour voir si autour n'y aurait quelque personne ou oiseau, capable de produire le chant et voix mélodieuses, mais lui rapporta qu'il n'avait rien vu.

De même le dit messire Lieutaud a dit que la dite première année, venant du dit lieu de Claviers, lorsqu'il fut arrivé aux limitrophes des terres de Silans et de Fox, acompagné de Jean Auvet petit garçon, soudain un personnage armé d'une dague et arquebuse, saisit subitement et redressa la rène de son cheval, le sollicitant malicieusement à faire des choses contre sa conscience, autrement qu'il le tuerait sur l'heure ; et voyant le dit messire Lieutaud cette cruelle et maligne résolution implora l'assistance de Dieu et de Notre-Dame de Consolation, et que s'il sortait de ce périlleux danger, irait à cette intention dire messe en action de grâces dans la dite chapelle, et aussitôt fut délivré miraculeusement, et plus n'a dit. Lecture faite, y persistant a signé.

Fait et publié au dit Tavernes dans notre maison, en présence de messire Jehan Baptiste Sicard, prêtre de Montmeyan, témoins requis requérant acte. Collationné à son original reçu par nous François Aubert, notaire royal héréditaire au dit Tavernes, soussigné. Signé : Aubert, notaire.

Du dit jour, lesdits Jacques Aubert Savornin et Antoine Aubert de Gaspard, marchands, natifs dudit Tavernes, lesquels moyennant serment ont déclaré que le 21 du courant, étant montés par dévotion à la dite chapelle Notre-Dame, après qu'ils eurent fait leur oraison et avant que messire Lieutaud eut célébré la sainte messe, ils prirent garde qu'à plusieurs endroits du tableau d'icelle y avait grand nombre de gouttes d'eau en formes de perles et particulièrement aux images de la Sainte Vierge, saint Dominique et saint Thomas docteur angélique.

Davantage, le dit Antoine Aubert a dit que le 12 décembre dernier étant monté à la mer sur un navire appelé *Atredon*, commandé par un capitaine flamand, venant de la ville d'Alicante du côté d'Espagne, au nombre de quarante-sept hommes, où y avait neuf français, inclus lui qui dépose, tirant vers Marseille. Or donc arrivés aux mers des Saintes-Maries, proche du Languedoc, le dit navire naviguant heurta sur un écueil et fit naufrage, si bien que se voyant perdus, le capitaine et tous se mirent à pleurer. Enfin que s'étant jetés tous dans la mer sur un péril effroyable, environ vers dix heures par une nuit fort obscure, distant environ demi-lieue du rivage, le dit Antoine Aubert implora l'aide de Dieu et Notre-Dame de Consolation, que s'il est était tiré de ce péril effroyable, il ferait neuf neuvaines à la dite chapelle en action de grâces ; si bien que dans une petite heure il se trouva nu sur le rivage, en terre, sur la plage des Saintes-Maries et fort de Pecan, un peu blessé sur le nez, et n'échappa uniquement que lui qui dépose des neufs français qui étaient dans le dit navire et dix hommes flamands, et tout le reste avec le dit navire fut submergé : et plus n'ont dit les dits Aubert. Lecture faite y persistent, ont signé. Fait et publié au dit Tavernes dans notre étude, en présence de messire François Gros, prêtre du dit lieu et messire Jehan Baptiste Sicard, prêtre de Montmeyan, témoins requis et signés avec les déposants à l'original, et nous François Aubert notaire royal héréditaire au dit Tavernes, collation faite soussigné. Signé : Aubert, notaire.

Attestation du Desservant de la Chapelle

Je messire Laurens Lieutaud, prêtre du lieu de Claviers, servant la chapelle de Consolation de Tavernes, certifie qu'étant accompagné de deux jeunes hommes du lieu, allant ensemble à la chapelle, et y étant arrivés l'un d'eux m'a fait prendre garde que l'image de saint Thomas angélique et saint Dominique étaient couvertes de larmes du haut en bas, ainsi que toutes les autres images qui y sont et celles tenant autant d'étendue les unes comme les autres ; après que j'eus avisé le tout, d'un côté et d'autre, je pris un linge et l'attacha au bout d'un roseau et commença de l'essuyer, et difficilement se pouvait effacer, et encore les marques se connaissent et sont blanches comme albâtre.

Ce fut le vingt et un janvier, le jour de la

sainte Agnès, et en foi de quoi ai fait le présent cer-
tificat le vingt-six du mois de février 1650, et je me
suis signé. Signé : Lieutaud, prêtre.

La teneur de la pièce suivante, sans date ni dénomination
de lieu, indique qu'elle a été rédigée à Tavernes. Elle men-
tionne seize guérisons extraordinaires, autres que celles déjà
rapportées, et plusieurs conversions.

Mémorial à Monseigneur l'Illustrissime Évêque de Riez

*Sacramentum regis abscondere bonum est, opera autem Dei
revelare et confiteri honori:cum est. (Tob. 12.)*

Remontre très humblement frère Louis Robion,
Religieux de l'Ordre de Saint-Dominique du couvent
royal de la Sainte-Madeleine, en la ville de Saint-
Maximin, que l'an 1642, le R. P. Thomas, Religieux
du même Ordre et couvent, par mandement de votre
Illustrissime Seigneurie, prêchant la parole de Dieu
durant le saint temps du Carême, dans le présent
lieu de Tavernes, le jour 14 de mars, octave de la
fête de l'angélique docteur saint Thomas, porté d'une
sainte curiosité, s'achemina au plus haut de la montagne voisinant le dit lieu, sous la créance que le
rocher éminent sur icelle était une chapelle ; contem-
plant donc l'assiette du lieu, il eut une puissante inspiration qui lui dit dans son intérieur ; *hœc est domus
Dei et porta cœli*, que Dieu avait choisi pour y faire
honorer sa très sainte Mère ; ce que donnant de la
terreur au dit Père, se prosterna par terre pour ado-
rer, et priant Dieu, il entend pour la seconde fois la
même voix secrète qui redouble les mêmes paroles,

avec commandement d'en porter la nouvelle à Vous
Monseigneur, et à prêcher au peuple de vénérer
ce saint lieu, ce que le dit Père exécuta de point
en point, comme il conste par l'acte que Vous Monseigneur lui avez concédé, lui permettant de s'en
servir, ainsi qu'il jugerait à propos, avec commandement qu'on y bâtit une chapelle, ce qui a été
fait des aumônes tant des habitants du dit lieu de
Tavernes que des autres qui sont venus pour honorer la sainte Vierge, sous le titre de Notre-Dame de
Consolation. Le peuple du dit lieu obéissant à la voix
de Dieu, conduit en procession par Monsieur le Vicaire sur la dite montagne commença à ressentir les
effets de la dite révélation ; les voisins y accourent,
et plusieurs y reçoivent la santé, tant de l'âme que
du corps, en confirmation et témoignage de la dite
révélation, comme le prouvent les merveilles et
prodiges que Dieu y a opérés pour la consolation de
son peuple.

Le premier miracle qui se fait en la dite chapelle,
ce fut en la personne de Jean Gaston laboureur de ce
lieu, lequel ayant été longtemps indisposé de ses
jambes, en telle façon qu'il ne pouvait pas travailler;
étant venu en dévotion au dit lieu, où l'on a bâti la
dite chapelle, y ayant fait sa prière, s'en retourna
guéri, publiant partout la grandeur du bénéfice reçu
par les prières de la Sainte-Vierge.

Le second a été fait en la personne d'un bon vieillard du lieu de Fos, lequel ayant perdu tout à fait la
vue, entendant parler de cette nouvelle dévotion, prit
résolution d'y faire quelques dévotions, et y étant

venu durant neuf jours, à pieds nus, recouvra entièrement la vue, et en action de grâces ce bon vieillard,
n'ayant rien pour donner, planta trois pruniers au
devant de la chapelle *in œternam reï memo-
riam.*

Une femme de Varages ayant gardé le lit dix-huit
mois, sans en pouvoir bouger, se fit porter à la dite
chapelle, accompagnée d'une sienne fille fébricitante,
lesquelles, après s'être confessées et avoir commu-
nié, s'en retournèrent saines et gaillardes en leur
maison, la mère à pied, sans assistance aucune, et
la fille délivrée des fièvres et bénissant Dieu et sa
Sainte Mère.

Une fille du même lieu, demeurant en service chez
Monsieur le Rentier de ce lieu, perdait ordinaire-
ment la vue sur la tombée de la nuit, par je ne sais
quelle infirmité occulte ; sa maîtresse l'ayant solli-
citée un soir à faire vœu à Notre-Dame de faire
neuvaine à pieds nus, en même temps elle recouvra
la vue sans depuis être plus incommodée de la dite
infirmité.

Une autre jeune fille demeurant au service du
même sieur Rentier, ayant depuis quelques mois les
jambes enflées, menacée d'hydropisie, ne pouvant
sortir de la maison sans assistance, ayant sollicité
sa maîtresse de lui permettre d'aller à la dite chapelle
espérant que Notre-Dame la guérirait, elle y fut conduite à l'aide de quelqu'autre fille, d'où elle s'en retourna sans assistance, et y étant retournée pour la
seconde fois, recouvra entièrement la santé.

Demoiselle Gayonne femme de M. Pierre Aubert, bourgeois de ce lieu, ayant été fort et longtemps malade de plusieurs maladies compliquées, sans espérance de santé, est guérie miraculeusement par les intercessions de la Sainte-Vierge.

M. le Prieur d'Artignosc, avait perdu la vue par la véhémence d'une défluxion, ayant entendu les merveilles que Dieu opérait par l'entremise de la Sainte-Vierge, en la dite chapelle, prit résolution de s'y faire conduire, et étant en vue de la dite chapelle, descendant du cheval pour saluer la Sainte-Vierge, commença à recouvrer la vue, laquelle il recouvra tout à fait après avoir accompli son vœu, sans que depuis soit été incommodé de la dite fluxion.

Un jeune enfant paralytique d'un bras et d'une jambe, du terroir de Brue, étant porté par ses père et mère en dévotion au dit saint lieu, après y avoir fait leur dévotion, se confessant et communiant, la messe achevée, le dit enfant, à la vue de cinq autres personnes, recouvra la parfaite santé.

Une fille nubile de Barjols, ayant une taye sur la prunelle de l'œil, ayant fait vœu, recouvra miraculeusement la vue, ainsi que la mère de la dite fille a attesté.

Demoiselle Gabrielle Barrème femme de... Aubert de ce lieu (le prénom est en blanc dans l'original), étant fort incommodée du mal des yeux, ayant fait vœu et l'ayant rendu, après qu'on lui eut appliqué d'huile de la lampe de la dite chapelle, fut à l'instant guérie.

M. Estienne Aubert, bourgeois du dit lieu, était atteint d'une fièvre continue, sa femme ayant fait sa dévotion en la dite chapelle, prend un peu du rocher, lequel lia au bras de son mari fébricitant, et en même temps la fièvre cessa, c'était au quatrième jour.

Une femme de Montmeyan perdant la vue à cause du débord des defluxions, ayant fait vœu à la dite chapelle et l'ayant accompli fut miraculeusement guérie, ainsi que les sieurs consuls du dit lieu ont attesté par acte public.

Un jeune enfant du lieu de Bras étant relaxé, sa mère le voue à Notre-Dame et le lui apporte ; après que la dite mère eut fait sa dévotion, l'enfant recouvra entièrement la santé, sans aucun remède humain.

Un paysan de Saint-Maximin travaillé de la même infirmité, ayant fait vœu, à l'instant se trouve guéri, ainsi qu'il a rapporté venant rendre son vœu.

M. le Chevalier de la Garde, étant abandonné des médecins et renvoyé aux lieux de dévotion, pour guérir d'une fièvre thique et autres maladies compliquées, étant venu à Notre-Dame de Grâce pour y faire une neuvaine, le second jour son mal s'augmentant, par le conseil du R. P. Sacristain de la dite chapelle, quitta le dit lieu, et passant par ce lieu de Tavernes pour visiter M. de la Verdière, averti des merveilles que Dieu opérait en cette nouvelle chapelle y commença une neuvaine, y venant tous les matins de la Verdière, laquelle achevée, il commença à se porter bien, et depuis il jouit d'une parfaite santé.

Un de Cotignac s'étant rendu huguenot pour quelque procès qu'il avait, par un juste jugement de Dieu tomba grièvement malade; de quoi sa femme affligée a recours aux prières de la Sainte Vierge, fait une neuvaine à Notre-Dame de Grâce, fait dire plusieurs messes à l'honneur de saint Clair; mais Dieu ayant réservé ce coup de sa puissante main pour autoriser notre nouvelle dévotion, inspira la la dite femme de faire vœu de venir faire neuvaine à ladite chapelle à pieds nus, et par la miséricorde de Dieu et prières de la Sainte Vierge, son mari recouvra la santé corporelle et spirituelle, abjurant l'hérésie, retourne au bercail de l'Eglise dont il était sorti.

M. Castellan, de Barjols, ayant un petit enfant âgé d'environ quinze mois, sa nourrice le laissant tomber, demeura presque deux heures mort. Sa mère inspirée de faire vœu à Notre-Dame, en même temps y dépêcha un homme pour rendre son vœu, et en même temps le petit enfant commença à respirer et ouvrir les yeux : il est encore sain et gaillard.

Tous ces miracles et plusieurs autres qu'on mettra en lumière sous le bon plaisir de votre Illustrissime Seigneurie, sont accompagnés de leur fin beaucoup plus noble et excellente; que c'est à savoir, de la conversion de plusieurs pécheurs invétérés et à demi pourris dans l'ordure de leurs péchés, lesquels venant à ce saint lieu pour se confesser, y ont fait de belles et saintes résolutions, s'en retournant contents et satisfaits, bénissant Dieu et sa Mère de les avoir tirés du profond de leurs péchés.

Les Religieux du dit couvent de Saint-Maximin voyant par la continuation des miracles que la Sainte Vierge voulait se servir de leur ministère pour le salut des âmes au dit lieu, puisque la révélation en avait été faite à l'un d'eux, après une mure délibération s'adressèrent à vous, Monseigneur, pour avoir permission de servir ce lieu, (quoique destitués de toutes choses nécessaires pour la vie humaine) y dire la sainte messe et entendre les confessions de ceux qui viennent en dévotion, laquelle permission votre Illustrissime Seigneurie leur a concédée par trois diverses fois, la première de vive voix à la fontaine Lévèque, l'autre par lettre adressée à M. le Vicaire de ce lieu, et la troisième par une lettre adressée à M. votre Vicaire Général.

En suite de quoi les dits Religieux y ont dit la sainte messe, entendu les confessions, le tout sans intérêt temporel, mais bien pour la gloire de Dieu, salut des âmes et du désir qu'ils ont de vous rendre service, et pour vous témoigner qu'ils désirent de continuer de chérir et honorer la mémoire des descendants de feu Mgr le garde des sceaux de Marilhat, votre très honoré oncle, leur ancien protecteur et bienfaiteur.

Et parce que le dit lieu de Tavernes est des terres de monseigneur le Comte de Carcès, les dits Religieux voyant qu'ils ne pouvaient habiter sans son congé, s'adressèrent à lui et à madame sa mère pour avoir le don du dit lieu et entour de la chapelle, lesquels après avoir consulté les plus pieux et les plus doctes personnages de la province, donnant l'exclusion à plusieurs autres qui demandaient le dit lieu, conclurent de le donner ainsi qu'ils l'ont donné aux dits Religieux, parce que la révélation en avait été faite à l'un d'eux : les habitants de Tavernes assemblés en conseil général, ont ratifié la dite donation et prié les dits Religieux de prendre soin de la dite chapelle, ce qu'ils ont fait néanmoins sous le bon plaisir de votre Illustrissime Seigneurie, la priant très humblement d'agréer la continuation de leurs services, tant à la dite chapelle qu'au reste de votre diocèse, pour y catéchiser, prêcher, confesser et y faire tous autres exeréices apostoliques qu'il vous plaira leur commander. Signé : Fre Louis Robion.

———

Là sont tous les documents parvenus jusqu'à nous. Mais dans une période de deux cents ans, notre sanctuaire n'aurait-il été témoin d'aucun autre prodige ? La Sainte Vierge, si prodigue de ses faveurs lors de son érection, l'aurait-elle livré immédiatement à une espèce d'oubli ? Ce n'est pas vraisemblable ; aussi la tradition locale rapporte-t-elle bien des faits extraordinaires, demeurés dans le vague des évènements, probablement pour n'avoir pas été authentiquement constatés.

La pièce suivante vient confirmer cette pieuse conjecture, attestant une guérison obtenue par un contemporain aujourd'hui encore plein de vie.

———

L'an mil huit cent soixante-trois et le sept du mois de juin, s'est présenté devant nous, maire, curé et adjoint soussignés, dans notre commune de Vins, canton de Brignoles, département du Var, le sieur Joseph Bertrand, âgé de soixante-neuf ans, de cette commune, lequel a déclaré avec serment devant nous et les témoins soussignés, que l'an mil huit cent trente-deux et le... travaillant dans les champs, il perdit la vue si subitement que le soir du même jour il ne distinguait plus aucun objet; qu'il a passé dans cet état complet de cécité quatorze mois, pendant lesquels il a usé des remèdes que lui prescrivaient les médecins, nommés l'un Caille, médecin à Brignoles, l'autre Ruy, à Belgentier, lesquels sont décédés; qu'au bout de ces quatorze mois employés à se servir inutilement des moyens humains, il se décida à ne chercher plus sa guérison que dans le secours de la sainte Vierge Marie; qu'à cet effet, il se fit conduire par le sieur Clément Jassaud, soussigné, présentement cafetier à Cabasse, à l'ermitage vénéré de Notre-Dame-des-Lumières, à Tavernes, département du Var; que là, plein de foi dans le secours tout-puissant de la bienheureuse Vierge Marie, il fit offrir le saint Sacrifice, à l'effet d'obtenir le recouvrement de la vue; que le même jour, en revenant à Vins, il a commencé à apercevoir les objets sur la route, et que sa vue allant toujours en progressant, il a joui de son plein usage, comme auparavant, avant la fin de la huitaine, c'est-à-dire dans l'octave de l'Assomption de la sainte Vierge, et que depuis il n'a plus souffert aucunement en cette partie. Qu'en reconnaissance pour la sainte Vierge, sa bienfaitrice, il fit vœu de retourner chaque année, le jour du quinze août, à l'ermitage, où il a obtenu sa guérison, ce qu'il n'a jamais manqué de faire depuis.

Ce fait a eu pour témoin toute la population de Vins, qui vivait à l'époque où il s'est accompli, et parmi les témoins survivants ont signé ceux dont suivent les signatures, mais le plus grand nombre étant illettrés a attesté par devant Nous le fait de vive voix. Signés: Guillen, maire; Seip, curé; Estelle, adjoint ; Gueit, Estelle, Mariaud, Reboul, Estelle, Guillen et Jassaud.

Le déposant se trouvant à Tavernes, le 15 août, pour l'acquittement de son vœu annuel, a rapporté au curé qu'outre les médecins de Brignoles et de Belgentier, qu'il avait vainement consultés, il s'était encore adressé à d'autres de Riez et de Marseille sans obtenir plus de résultat.

(Notes du curé de Tavernes.)

Les deux faits suivants manquant de témoignages publics sont consignés pour mémoire et comme de nature à exciter la confiance en la Sainte-Vierge. Le lecteur les appréciera à son point de vue.

Ayant prié M. le curé de la Verdière de prendre des informations sur des guérisons qu'on disait avoir été obtenues autrefois par des personnes de sa paroisse, il m'a transmis le récit suivant, par sa réponse du 21 juillet 1863, signé : Blanc, curé.

Voici la déposition que le nommé Grégoire Auron, dont le nom s'écrit aujourd'hui Ollonne, vieillard de 82 ans, a faite et qu'il est tout près à faire sous la foi du serment. J'étais âgé d'environ deux ans lorsque, par le fait d'un refroidissement fixé sur le cerveau, je fus frappé de cécité complète. Ce que voyant ma mère désolée tourna ses regards vers la bonne Mère de Belle-Vue, et le 25 mars, jour auquel on va en très grande dévotion à sa chapelle, elle m'y porta sur ses bras pour demander ma guérison ; elle fit de la même manière ce pèlerinage pendant deux ou trois ans, sans rien obtenir. Elle ne se découragea pas et continua d'aller tous les ans, au 25 mars, demander la même grâce, promettant toujours et à chaque fois à la Sainte Vierge que si Elle me guérissait, elle continuerait d'y aller elle-même et me recommanderait fort à moi-même d'y aller toujours, pour la remercier de la grâce et faire dire à cette fin une messe. Je me souviens, dit cet homme, d'avoir été aveugle dans mon enfance. Les personnes de la connaissance, qui me voyaient souvent, disaient à ma mère qu'il pourrait bien se faire que je recouvrasse la vue de l'œil droit, qui paraissait être en assez bon état, mais qu'il serait impossible que la vue me revînt à l'œil gauche, vu qu'il semblait pourri. Cependant il arriva qu'après trois ou quatre pèlerinages faits de la même manière et pour la même fin, avec ma mère, la vue me revint, non point, chose extraordinaire, à l'œil qui paraissait offrir le plus de chances de guérison, mais bien à l'œil gauche qu'on disait pourri ; et depuis j'ai toujours été avec un œil bon et un œil hors de service. Je ne me souviens pas, continue-t-il, quand et où, ni comment la vue me revint à cet œil ; mais j'ai toujours été si persuadé que je devais cette faveur à Notre-Dame-de-Belle-Vue, que conformément à la promesse faite par ma mère, je me suis fait une obligation depuis lors d'aller tous les ans, toutes les fois que la chose m'a été possible, visiter, le 25 mars, la Sainte-Vierge dans sa chapelle, la remercier et faire dire une messe d'action de grâces. Il m'arrivait quelquefois que, comme j'étais berger, je louais un homme pour garder ce jour-là mes troupeaux, afin d'aller moi-même satisfaire à mes obligations de reconnaissance. Je n'ai cessé mes pèlerinages à Notre-Dame que depuis environ sept à huit ans, parce que mon grand âge ne me permettait plus de pouvoir y aller à pied, comme j'avais toujours fait par le passé.

Autre fait attesté par le même dans la même séance

J'ai connu dans ma jeunesse une jeune fille appelée Nanon Ribbe dite la Malagne, âgée d'environ seize à vingt ans, devenue aveugle par le fait d'un accident quelconque, et qui ayant été portée par son père à Notre-Dame-de-Belle-Vue, recouvra la vue au moment où, après la messe, son père venait de la replacer sur sa monture pour le retour. Cette fille s'écria : Mon père, oh ! comme ces montagnes d'en haut sont blanches ! Elle voyait apparemment les montagnes du côté du couchant encore couvertes de neige. Depuis, cette fille continua de voir, et je l'ai moi-même, dit-il, connue aveugle et connue après sa guérison. Ce m'était d'autant plus facile que la maison de ses parents avoisinait celle des miens. Ces faits, de très vieille date, n'ont pu être attestés par d'autres témoins que le déposant, les contemporains n'existant plus.

En 1854 le choléra sévissait à Tavernes d'une manière effrayante, la population épouvantée fuyait devant le fléau, au point que bientôt les vivants n'auraient plus suffit pour enterrer les morts. A l'appel de son digne et pieux Curé, la population se met en prières, et invoque Notre-Dame de Consolation. Une procession se rend à l'ermitage, on descend la statue de Notre-Dame dans l'église paroissiale ; et, ô prodige, le jour où Notre-Dame se trouva au milieu de ses enfants, aucun décès, causé par la terrible épidémie, ne fut plus constaté.

Une jeune fille de Tavernes, Marie Louise Fabre, se traînait, plutôt qu'elle ne marchait, à l'aide d'une béquille. Ses parents avaient consulté tous les médecins qu'ils avaient supposés pouvoir lui rendre l'usage de ses jambes, ils l'avaient transportée à Marseille pour lui faire suivre un traitement qui put améliorer sa triste situation; mais ils n'avaient jamais obtenu de résultat. Enfin découragés du côté des hommes, ils se tournent vers Dieu, ils font pieusement une neuvaine à celle que nous invoquons comme le salut des infirmes, puis ils font faire à la malade l'ascension, à cheval, à Notre-Dame de Consolation, une messe se célèbre à leur intention, dans le sanctuaire vénéré, et après le sacrifice, la malheureuse percluse se trouve si complètement guérie, que laissant, dans la chapelle, la béquille qu'on y voit encore aujourd'hui, elle descend à pied à Tavernes sans éprouver la moindre fatigue.

En 1878, à la suite d'une sécheresse intense le territoire de Tavernes était devenu comme un désert brûlé par les rayons du soleil. La rosée elle-même se refuse à tomber sur des plantes étiolées et l'eau qui sert à nos besoins potagers va faire totalement défaut. Le fruit d'une année de travail opiniâtre va être englouti dans quelques jours si le secours d'en haut ne vient à notre aide. Dans cette détresse les Tavernais élèvent leurs yeux au ciel et supplient le Seigneur de laisser tomber la bienfaisante pluie qui mettra l'espérance dans les cœurs et l'abondance dans leurs foyers.

Le temple regorge de fidèles, la voûte retentit des accents de la prière la plus ardente; les sceptiques eux-mêmes unissent leur voix à celle qui sort de la bouche pure des enfants et des vierges, des pieuses mères de famille et des vieillards à l'auréole blanche.

Cependant la neuvaine touche à sa fin et c'est en vain que l'on sonde l'horizon ; pas un nuage n'apparaît et au zénith le soleil implacable s'annonce chaque matin par des dards de feu que rien dans la journée ne vient tempérer. La désolation est à son comble. C'est alors que cette population tourne les yeux vers la chapelle de N.-D. de Belle-Vue et de Consolation. Elle sait que si Marie est pour elle, le Seigneur se laissera toucher.

Le dernier jour de la neuvaine une immense procession se déroule, musique en tête, dans les méandres gracieux de la route de la colle des Buis. Au-dessus d'elle émergent les statues de la Sainte Vierge, de saint Joseph, de sainte Anne, de saint Clair, de saint Cassien et d'autres encore dont les couleurs éclatantes jettent des reflets d'or.

Arrivée au sommet de la sainte colline cette population se prosterne. La prière n'était pas encore achevée que les nuages s'amoncèlent et malgré les prévisions contraires, laissent tomber la rosée bienfaisante. La pluie fut si intense qu'on dut laisser dans la chapelle les statues de nos saints protecteurs et ce ne fut que quelques jours après, qu'en remontant à N.-D. de Belle-Vue, en actions de grâces, on pût rapporter ces statues dans l'église paroissiale.

Tels sont les documents et les faits que l'on a cru devoir publier pour la plus grande gloire de la très sainte Vierge, la vénération de notre sanctuaire, et l'édification des lecteurs. Ils attestent ce qu'ont pu et ce que pourront toujours une dévotion éclairée, en la Mère de Dieu et une vive confiance en sa bonté et en sa puissance. Et maintenant, gloire, amour et reconnaissance à N.-D. de Belle-Vue et de Consolation. Que Tavernes soit toujours la petite ville protégée par la plus pure des Vierges, que la génération présente transmette aux générations futures, l'intégrité de la foi qu'elle a reçue des générations passées, et que Marie bénisse toujours son peuple dévoué et fidèle.

PRIÈRE

O très-bonne et très-glorieuse Mère ! Puisque vous avez choisi notre sanctuaire pour y exercer votre miséricorde envers les malades et les pécheurs, daignez continuer votre œuvre. Inspirez à ceux qui viendront y solliciter la guérison de leurs infirmités cette vive confiance qui obtient de vous des prodiges ; attirez-y les pécheurs pour les gagner et les rendre à votre divin Fils ; ornez de toutes les vertus les bonnes âmes qui, vivant dans la charité, vous y visitent dans un esprit de vraie dévotion ; soyez la protectrice perpétuelle de la paroisse, qui vous est consacrée, bénissez-en à jamais les pasteurs et les fidèles, et montrez-vous, en un mot, à l'égard de tous et toujours, Notre-Dame de Consolation. Ainsi soit-il.

4928. Toulon. — Imp. Catholique, cité Montéty.

CANTIQUE

A

N.-D. de Belle-Vue

DE TAVERNES

CANTIQUE
à N-D. de Belle-Vue de Tavernes

Ac courons tous au béni sanctu-ai-re De Notre

Dame de bel le Vue. Avec fer- veur prions la Bonne

Refrain

Mè re de nous gui-der dans la voie du sa-lut. Al -

lons Tavernes à notre tendre Mè-re Al-lons prier dans ces lieux enchan

tés. Et sur les en-fers courrou cés la vic-

toi re o Marie sera chère et sur les en-fers courrou

cés la vic-toire o Marie sera ché - re.

2e COUPLET

Qu'on est heureux sur la sainte colline,
Lorsque la foi guide le pèlerin ;
Tous les parfums de la grâce divine
Inondent les cœurs des pauvres humains.

Ref. — Allons Tavernes, etc.

3e COUPLET

Notre pays depuis bientôt trois siècles,
Est protégé par l'auguste Marie,
Et si nos âmes sont quelquefois inquiètes,
Marie soulage celui qui la prie.

Ref. — Allons Tavernes, etc.

4e COUPLET

Que de bienfaits sont dus à sa puissance !
Que de faveurs ses enfants ont reçues !
Les pèlerins accourant de Provence,
Seront toujours aidés et secourus.

Ref. — Allons Tavernes, etc.

5e COUPLET

Tressaille donc, ô peuple de Tavernes,
Aime toujours la Vierge Immaculée.
Et si ta foi dans ton cœur reste ferme,
Dans le Ciel tu seras glorifié.

Ref. — Allons Tavernes, etc.